따라 쓰기 시리즈 ⑦

따라 쓰기로 배우는
남자아이 바른 글씨 : 기본 편

책읽는달

이 책을 함께 보는 부모님께

아들의 글씨체 때문에 고민인 부모님께

"우리 집 아들은 글씨가 삐뚤빼뚤이라 걱정이에요."
"딸아이는 그럭저럭 글씨를 쓰는 편인데, 아들은 글씨가 엉망이에요. 남매인데도 이렇게 글씨체가 다른 거죠?"
"1학년 때는 글씨체가 괜찮았는데 학년이 올라갈수록 점점 이상해져요."

주변에 아들의 삐뚤빼뚤 글씨체 때문에 고민하시는 부모님들을 자주 볼 수 있습니다. 글씨가 서툰 남자아이는 왜 그럴까요?
영국 브리스틀대학교 연구에서 여자아이는 남자아이에 비해 언어 능력이 더 높으며 특히 초등학교를 갓 입학한 시기에는 약 2배까지 차이가 난다고 보고했습니다. 또한 미국 노스캐롤라이나대학교의 연구에 따르면 여자아이는 기억과 시각을 관장하는 측두엽의 신경세포가 남자아이보다 11%나 많아서 말하고 기억하는 능력이 뛰어나다고 밝혔습니다. 남자아이는 글자를 이해할 때 좌뇌만 이용하는 반면, 여자아이는 좌뇌와 우뇌, 모두를 활용해 언어 능력에 차이가 있는 것으로 드러났습니다.
그래서 남자아이는 레고와 같은 블록 쌓기나 만들기 등 공간적 활동을 잘하는 반면 읽기, 쓰기 등의 분야에서 떨어지는 경향이 있습니다.
또한 공감 능력이 높은 여자아이는 글씨를 잘 써서 칭찬받고 싶다거나 읽을 사람까지 생각해 단정하게 글씨를 쓰는 반면 남자아이는 예쁜 글씨보다는 내용이 중요하다고 생각하는 경향이 강합니다. 그러므로 글씨체에 덜 관심을 기울이는 편입니다.
물론 모든 남자아이와 여자아이를 이렇다고 단정할 수는 없지만 그러한 성향이 존재한다는 것은 여러 연구 결과가 입증하고 있습니다.

무엇보다 아이들이 글씨를 잘 못 쓰는 이유는 예전처럼 글씨를 쓸 기회가 많이 줄어든 것도 영향이라고 할 수 있습니다. 또 공부할 내용도 많고, 해야 할 일들도 많아서, 시간에 쫓겨 차분히 글을 쓰고 이해할 시간이 부족한 것도 원인이라고 할 수 있습니다.

그러나 아이러니하게도 컴퓨터로 문서를 작성하고 글씨를 쓸 일이 별로 없는 요즘에 글씨를 잘 쓰고 싶어 하는 어린이와 어른들이 더 늘어나고 있습니다.

그 이유는 뭘까요? 예전에는 예쁜 글씨가 그 사람의 자랑거리이거나 소질 정도의 차원이었다면 요즘은 공부, 시험, 취업 등 스펙이 되기 때문이지요. 무엇보다 바른 글씨는 국어 공부의 기본이 되며 국어는 모든 공부의 기초가 됩니다.

글씨를 바르게 써야 문장을 제대로 쓸 수 있고, 글짓기나 시험 문제도 실력을 발휘할 수 있습니다. 더 나아가 논술, 자기소개서, 입사 시험, 국가고시 등 손글씨로 치르는 과제에서도 멋진 실력을 발휘할 수 있을 것입니다. 글씨는 그 사람의 첫인상과 같습니다. 사람들은 글씨체로 상대방의 인격이나 정성을 가늠하기도 합니다.

그러므로 실력을 제대로 평가받고 싶다면, 공부를 잘하고 싶은 어린이라면 먼저 글씨 쓰기부터 차근차근 익히는 것이 중요합니다.

그렇다면 어떻게 하면 바르고 예쁜 글씨를 쓸 수 있을까요? 전문가들은 어렸을 때 바른 글씨 쓰는 습관을 기르는 것이 중요하다고 말합니다. 이때 손의 힘도 기르고 쓰는 요령도 익혀서 글씨 쓰는 감각을 키워야 한다고 강조합니다.

이 책에서는 글씨가 삐뚤빼뚤한 어린이, 처음 글씨 쓰기를 배우는 어린이, 좀 더 글씨를 예쁘게 쓰고 싶은 어린이를 위해 교과서와 남자아이들이 좋아할 만한 낱말과 문장을 엄선해서 뽑았습니다.

《따라 쓰기로 배우는 남자아이 바른 글씨》가 글쓰기 힘든 어린이와 자녀의 글쓰기 때문에 고민인 부모님들께 도움이 되길 바랍니다.

차례

이 책을 함께 보는 부모님께
남자아이의 글씨 교육법은 다르다
이 시리즈의 특징
이 책의 구성과 활용법

0단계. 글씨 쓰기 준비하기　　　　　　　　　　　　　　10

❶ 왜 예쁘게 글씨를 써야 하나요?
❷ 바른 자세와 연필 잡기
❸ 선 그으며 단정한 글씨 익히기
❹ 그림 그리며 부드러운 글씨 익히기
❺ 자음 쓰기
❻ 모음 쓰기
❼ 쌍자음(된소리) 쓰기
❽ 숫자 쓰기

1단계. 자음과 모음 모양 바르게 쓰기　　　　　　　　　24

❶ 자음 쓰기
❷ 모음과 이중모음 쓰기
❸ 받침과 겹받침 쓰기
❹ 잠깐 쉬어가요 : 재미로 풀어보는 수수께끼

2단계. 교과서 낱말 연습하기　　　　　　　　　　　　48

❶ 받침이 없는 글자
❷ 받침이 있는 글자

3단계. 남자아이가 좋아하는 낱말 쓰기　　　62

❶ 두 글자 쓰기
❷ 세 글자 쓰기

4단계. 문장 쓰며 글씨 익히기　　　74

❶ 짧은 문장 쓰기
❷ 긴 문장 쓰기
❸ 헷갈리는 맞춤법 따라 쓰기
❹ 어휘력을 키워주는 속담 따라 쓰기

정답　　　109

남자아이의 글씨 교육법은 다르다

아들은 생리적, 환경적, 유전적 등 다양한 요소에 의해 성격과 기질이 특징지어집니다. 그러므로 남자아이의 글씨체를 향상시키기 위해서는 그 특징을 인지하고 현명하게 접근해야 합니다.

남자아이는 시각적 효과에 뛰어납니다.

여자아이는 낱말을 들을 때 더 반응하는 반면, 남자아이는 낱말을 보여줄 때 더 민감합니다. 즉 아들은 딸보다 시각적 활동에 더 효과적으로 반응합니다. 그러므로 글씨를 잘 못 쓰는 남자아이는 무조건 쓰기 연습만 시킬 것이 아니라 글자의 모양, 주의할 글자 등을 보여주고 냉장고나 책상 위에 글자와 사진과 그림을 붙여서 익히게 하여 글씨체를 향상시키도록 합니다.

많은 양을 학습하지 마세요.

뇌 과학자들에 따르면 남자아이는 여자아이에 비해 뇌의 속도가 느리고 정보를 다루는 양도 적다고 합니다. 따라서 남자아이는 많은 양을 학습해서는 안 되며 짧은 시간에 쓰기 연습을 하도록 합니다.

아이가 좋아하는 것으로 연습해요.

남자아이는 신체적 활동과 소리, 이미지 등 감각으로 배우는 경향이 두드러지기 때문에 얌전히 앉아서 집중하기 어렵습니다. 그러므로 남자아이는 좋아하는 동물, 탈것, 만화영화, 동화책의 주인공 등등을 통해 쓰기 학습 효과를 높이는 것이 좋습니다.

이 시리즈의 특징

따라 쓰기로 배우는 남자아이 바른 글씨 : ① 기본 편

글씨가 삐뚤빼뚤한 어린이, 심한 악필인 어린이, 좀 더 많이 글쓰기 연습을 원하는 어린이에게 권합니다. 특히 처음 글씨 연습을 배우는 남자아이나 초등학교 저학년에게 추천해 드립니다. 이 책을 익힌 다음 《따라 쓰기로 배우는 남자아이 바른 글씨 : ② 실력 편》에 도전하세요.

따라 쓰기로 배우는 남자아이 바른 글씨 : ② 실력 편

글씨가 단정하지 못하거나 바르게, 예쁘게 글씨를 쓰고 싶은 어린이에게 추천합니다. 심화된 글씨 연습을 원하는 남자아이나 초등학교 고학년에게 권합니다. 이 책을 익힌 다음 《따라 쓰기로 배우는 초등 바른 글씨》로 단정한 글씨체를 완성해 보세요.

따라 쓰기로 배우는 초등 바른 글씨

처음 글씨 연습을 배우는 여자아이와 초등학생들에게 추천해 드립니다. 연필 잡기와 바른 자세부터 모눈종이(방안지) 쓰기, 네모칸 쓰기, 줄칸 쓰기 등 체계적으로 글씨 연습을 하기 좋습니다. 어려운 모양의 글자는 쓰는 법을 별도로 알려줍니다.

따라 쓰기로 배우는 맞춤법 : ① 새싹 단계

글씨도 반듯하게 쓰고 맞춤법도 동시에 배우기를 원하는 어린이에게 권합니다. 모눈종이(방안지) 모양 기준선에 맞게 맞춤법 낱말을 따라 쓰다 보면 글씨 실력도 향상되고 맞춤법도 저절로 배울 수 있습니다. 그다음 《따라 쓰기로 배우는 맞춤법 : ② 나무 단계》에 도전하세요.

이 책의 구성과 활용법

0단계
글씨 쓰기 준비하기

바른 자세와 연필 잡는 법에 대해 배워요.
선을 긋고 예쁘게 그림을 그리며 손을 풀어요.

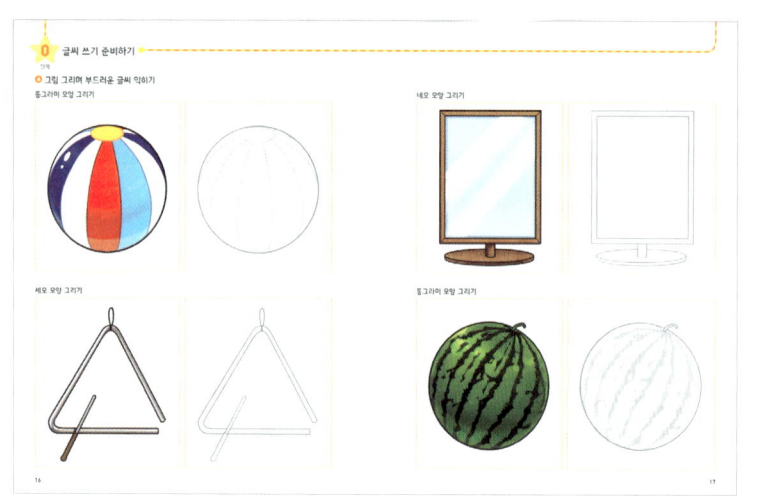

1단계
자음과 모음 모양 바르게 쓰기

글자 모양에 주의하며 자음과 모음을 따라 쓰며 연습하세요.
그 다음 모음과 이중모음, 받침과 겹받침을 따라 써 보세요.

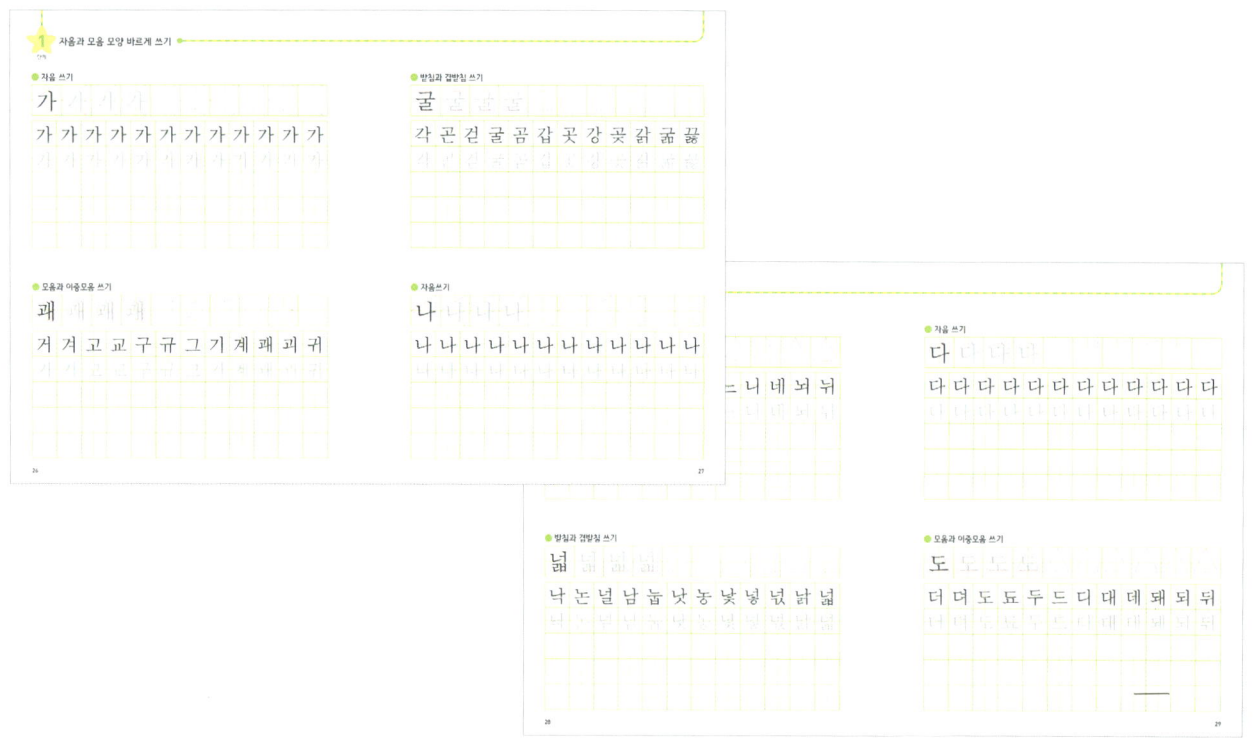

2단계
교과서 낱말 연습하기

초등 저학년 교과서 낱말을 따라 쓰며 단정하면서도 반듯한 글씨체를 연습할 수 있습니다. 아이들이 익혀야 할 기본 자와 어려운 글자는 모양에 맞게 요령 있게 쓰는 법을 별도로 알려줍니다.

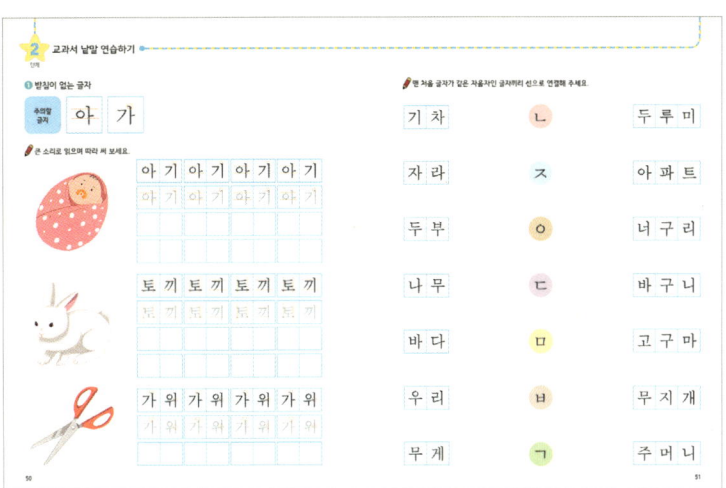

3단계
남자아이가 좋아하는 낱말 쓰기

축구, 우주, 공룡 등 남자아이가 좋아하는 두 글자 낱말과 소방차, 과학자 등 세 글자 낱말을 그림을 보며 재미있게 써요. 의미 없는 따라 쓰기가 아닌 좋아하는 단어와 재미있는 문장으로 구성했습니다.

4단계
문장 쓰며 글씨 익히기

교과서 속 짧은 문장과 긴 문장을 쓰며 예쁜 글씨체를 연습할 수 있습니다. 또한 학교 공부에 도움이 될 맞춤법과 속담을 실었습니다. 네모 모양 기준선에 따라 헷갈리는 맞춤법을, 줄선을 따라 속담을 써요.

0단계

글씨 쓰기
준비하기

1. 왜 예쁘게 글씨를 써야 하나요?
2. 바른 자세와 연필 잡기
3. 선 그으며 단정한 글씨 익히기
4. 그림 그리며 부드러운 글씨 익히기
5. 자음 쓰기
6. 모음 쓰기
7. 쌍자음(된소리) 쓰기
8. 숫자 쓰기

❶ 왜 예쁘게 글씨를 써야 하나요?

Q. 컴퓨터로 치면 되는데, 글씨를 단정히 쓰는 게 중요한가요?

학교에서 답안지를 작성할 때, 글짓기를 할 때, 친구나 선생님께 손으로 편지를 쓰거나, 메모를 전달할 때 바른 글씨는 위력을 발휘합니다. 만약 선생님이 내 글씨를 못 알아봐서 손해를 보거나, 무슨 글씨인지 생각하느라 한참을 힘들어한다면 어떨까요? 또 다른 사람이 내 글씨를 못 알아봐서 오해가 생기거나, 무슨 글자인지를 번거롭게 다시 설명해야 한다면 어떨까요?
이처럼 글씨가 단정하지 않다면 읽는 사람이 엉뚱하게 알아보거나 내가 정성 들여 쓴 글이 잘못 평가될 수 있답니다.

Q. 글씨를 예쁘게 쓰면 어떤 점이 좋은가요?

글씨가 예쁘면 내 글의 뜻이 정확하게 전해질 수 있어요. 나는 '일류'라고 썼는데 그 글씨가 단정하지 않아서 '이류'로 읽는다면 잘못 전달되거나 오해를 불러일으킬 수 있어요. 또 무엇을 의미하는지 알 수 없겠지요?

Q. 왜 지금 글씨체를 고쳐야 하나요? 천천히, 나중에 익혀도 되지 않을까요?

고학년이 되면 공부할 것도 많고 해야 할 것이 많아서 글씨 연습에 많은 시간을 할애하기 어렵습니다. 무엇보다 글씨는 한번 형성되면 고치기 어렵기 때문에 어렸을 때부터 바른 글씨를 익히도록 노력해야 합니다.

❷ 바른 자세와 연필 잡기

이렇게 바른 자세로 앉아요

① 의자 끝에 엉덩이를 맞닿게 합니다.
② 허리는 의자 등받이에 붙여 반듯이 폅니다.
③ 두 발은 가지런히 모읍니다.
④ 고개를 너무 숙이지 말며 책과 눈의 거리는 30cm 이상을 유지합니다.

①
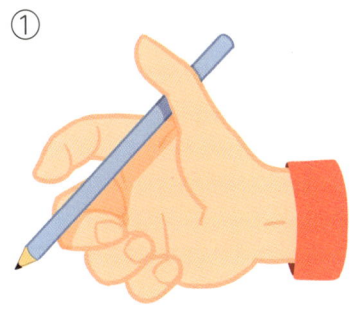

②
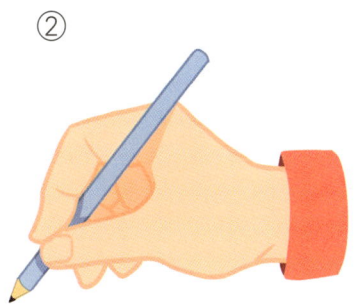

③
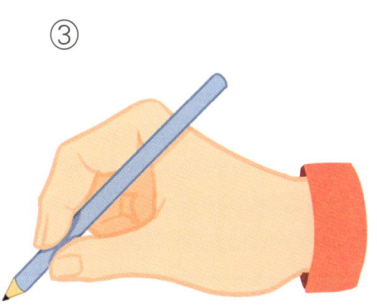

이렇게 연필을 잡아요

① 세 번째 손가락(가운뎃손가락)을 연필에 바칩니다.
② 첫째 손가락(엄지)과 둘째 손가락(검지)을 둥글게 잡고 연필은 힘을 적당히 주어 잡습니다.
③ 이때 연필심에서 2.5cm~3cm 떨어져서 잡습니다. 연필은 너무 눕히거나 세우지 않습니다.

글씨 쓰기 준비하기
단계

❸ 선 그으며 단정한 글씨 익히기

 **0단계** 글씨 쓰기 준비하기

❹ 그림 그리며 부드러운 글씨 익히기

동그라미 모양 그리기

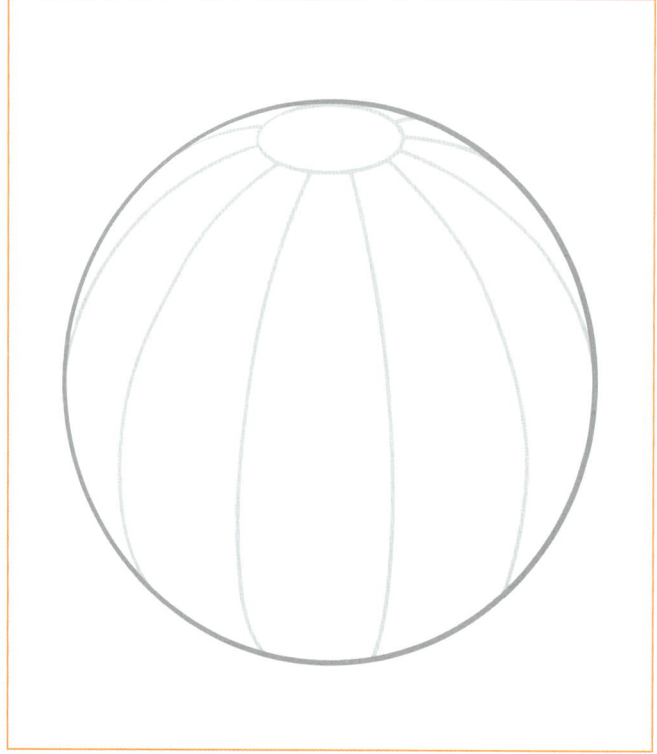

세모 모양 그리기

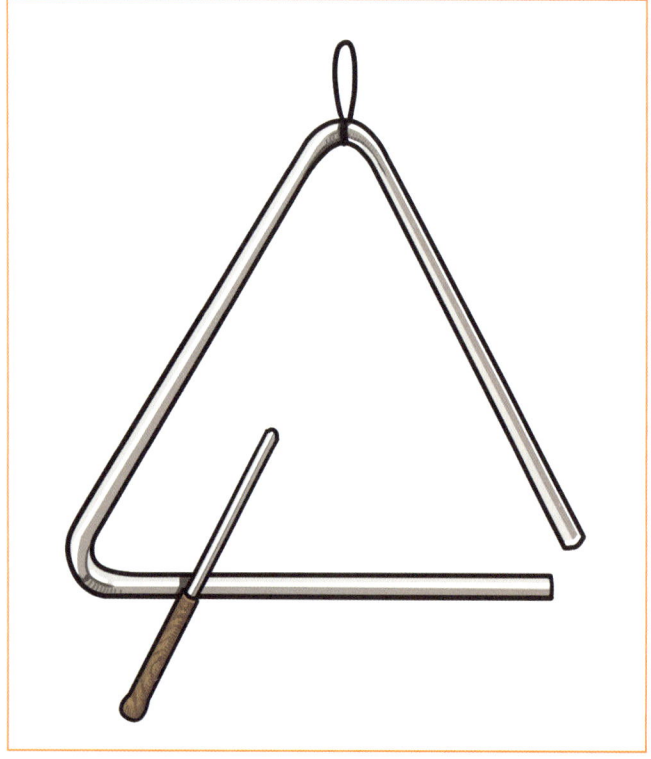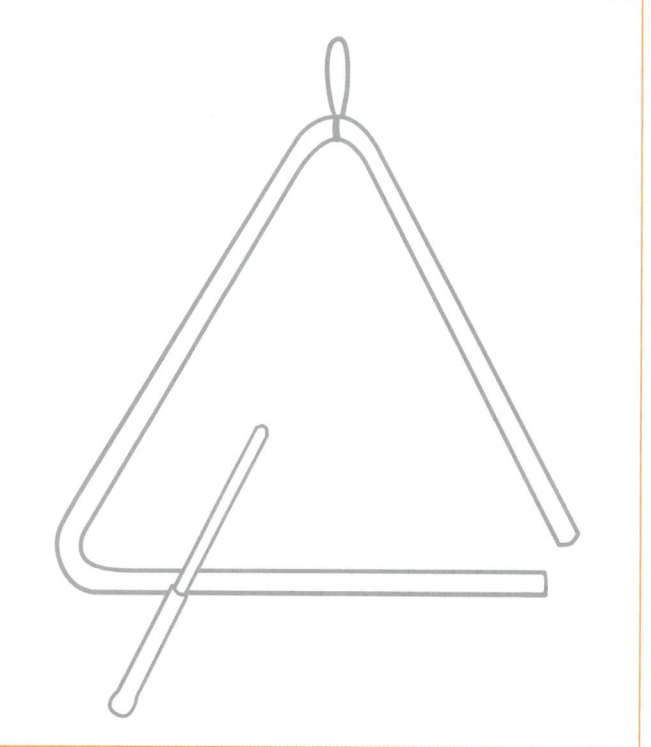

네모 모양 그리기

 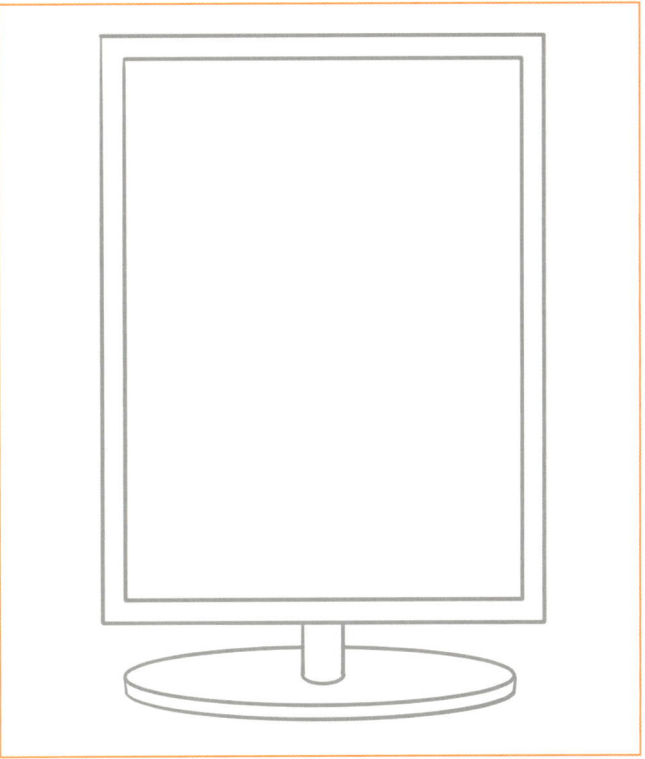

동그라미 모양 그리기

 **글씨 쓰기 준비하기**

⑤ 자음 쓰기

한글에서 ㄱ, ㄴ, ㄷ, ㄹ, ㅁ, ㅂ, ㅅ, ㅇ, ㅈ, ㅊ, ㅋ, ㅌ, ㅍ, ㅎ 등을 자음이라고 합니다.

ㄱ	기역	ㄱ			
ㄴ	니은	ㄴ			
ㄷ	디귿	ㄷ			
ㄹ	리을	ㄹ			
ㅁ	미음	ㅁ			
ㅂ	비읍	ㅂ			
ㅅ	시옷	ㅅ			

ㅇ	이응	ㅇ			
ㅈ	지읒	ㅈ			
ㅊ	치읓	ㅊ			
ㅋ	키읔	ㅋ			
ㅌ	티읕	ㅌ			
ㅍ	피읖	ㅍ			
ㅎ	히읗	ㅎ			

0단계 글씨 쓰기 준비하기

❻ 모음 쓰기

한글에서 ㅏ, ㅑ, ㅓ, ㅕ, ㅗ, ㅛ, ㅜ, ㅠ, ㅡ, ㅣ를 모음이라고 합니다.

ㅏ	아	ㅏ			
ㅑ	야	ㅑ			
ㅓ	어	ㅓ			
ㅕ	여	ㅕ			
ㅗ	오	ㅗ			
ㅛ	요	ㅛ			
ㅜ	우	ㅜ			

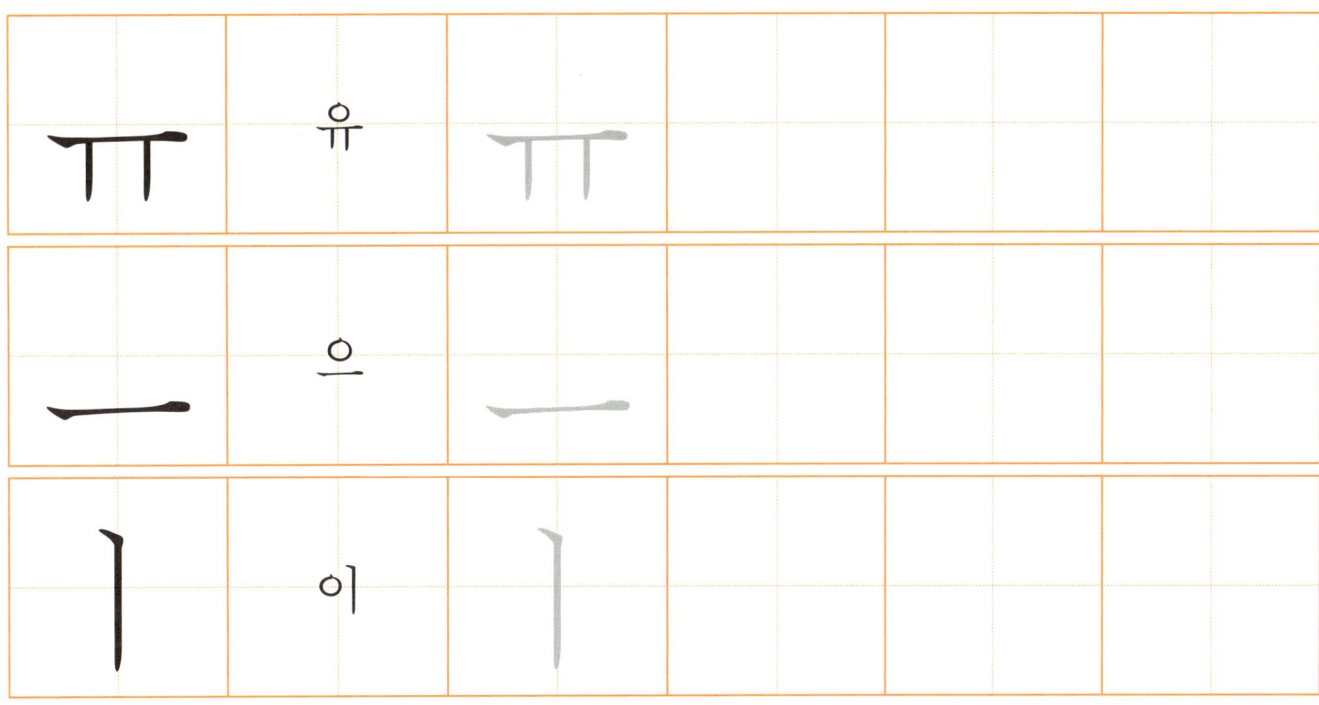

❼ 쌍자음(된소리) 쓰기

한글에서 ㄲ, ㄸ, ㅃ, ㅆ, ㅉ 등을 쌍자음(된소리)이라고 합니다.

글씨 쓰기 준비하기

❽ 숫자 쓰기

1, 2, 3, 4, 5 …… 등을 숫자라고 합니다. 1부터 100까지 숫자를 읽으며 따라 써요.

1	일	1			
2	이	2			
3	삼	3			
4	사	4			
5	오	5			
6	육	6			
7	칠	7			

8	팔	8			
9	구	9			
10	십, 열	10			
20	이십 스물	20			
30	삼십 서른	30			
50	오십 쉰	50			
100	백	100			

1단계

자음과 모음 모양
바르게 쓰기

1. 자음 쓰기
2. 모음과 이중모음 쓰기
3. 받침과 겹받침 쓰기
4. 잠깐 쉬어가요

# 1단계 자음과 모음 모양 바르게 쓰기

● 자음 쓰기

| 가 | 가 | 가 | 가 | 가 | 가 | 가 | 가 | 가 | 가 |

| 가 | 가 | 가 | 가 | 가 | 가 | 가 | 가 | 가 | 가 | 가 | 가 |
| 가 | 가 | 가 | 가 | 가 | 가 | 가 | 가 | 가 | 가 | 가 | 가 |

● 모음과 이중모음 쓰기

| 괘 | 괘 | 괘 | 괘 | 괘 | 괘 | 괘 | 괘 | 괘 | 괘 |

| 거 | 겨 | 고 | 교 | 구 | 규 | 그 | 기 | 계 | 괘 | 괴 | 귀 |
| 거 | 겨 | 고 | 교 | 구 | 규 | 그 | 기 | 계 | 괘 | 괴 | 귀 |

● 받침과 겹받침 쓰기

| 굴 | 굴 | 굴 | 굴 | | | | | | |

| 각 | 곤 | 걸 | 굴 | 곰 | 갑 | 곳 | 강 | 곶 | 갉 | 굶 | 끓 |
| 각 | 곤 | 걸 | 굴 | 곰 | 갑 | 곳 | 강 | 곶 | 갉 | 굶 | 끓 |

● 자음쓰기

1단계 자음과 모음 모양 바르게 쓰기

● 모음과 이중모음 쓰기

느

냐 너 녀 노 뇨 누 뉴 느 니 네 뇌 뉘

● 받침과 겹받침 쓰기

넓

낙 논 널 남 눕 낫 농 낮 넣 넋 낡 넓

● 자음 쓰기

다 다 다 다

다다다다다다다다다다다다
다다다다다다다다다다다다

● 모음과 이중모음 쓰기

도 도 도 도

더 뎌 도 됴 두 드 디 대 데 돼 되 뒤
더 뎌 도 됴 두 드 디 대 데 돼 되 뒤

1단계 자음과 모음 모양 바르게 쓰기

● 받침과 겹받침 쓰기

| 돈 | 돈 | 돈 | 돈 | | | | | | |

| 닥 | 돈 | 덜 | 담 | 둡 | 덧 | 당 | 덪 | 닿 | 닭 | 닮 | 닳 |
| 닥 | 돈 | 덜 | 담 | 둡 | 덧 | 당 | 덪 | 닿 | 닭 | 닮 | 닳 |

● 자음 쓰기

| 라 | 라 | 라 | 라 | | | | | | |

| 라 | 라 | 라 | 라 | 라 | 라 | 라 | 라 | 라 | 라 | 라 | 라 |
| 라 | 라 | 라 | 라 | 라 | 라 | 라 | 라 | 라 | 라 | 라 | 라 |

● 모음과 이중모음 쓰기

류	류	류	류						

랴	러	려	로	료	루	류	르	리	래	레	뢰
랴	러	려	로	료	루	류	르	리	래	레	뢰

● 받침과 겹받침 쓰기

럴	럴	럴	럴						

락	룬	럴	람	룹	랏	렁	렇	런	룸	럿	랑
락	룬	럴	람	룹	랏	렁	렇	런	룸	럿	랑

1단계 자음과 모음 모양 바르게 쓰기

● 자음 쓰기

| 마 | 마 | 마 | 마 | | | | | | |

| 마 | 마 | 마 | 마 | 마 | 마 | 마 | 마 | 마 | 마 | 마 | 마 |
| 마 | 마 | 마 | 마 | 마 | 마 | 마 | 마 | 마 | 마 | 마 | 마 |

● 모음과 이중모음 쓰기

| ㅁ | ㅁ | ㅁ | ㅁ | | | | | | |

| 머 | 며 | 모 | 묘 | 무 | 뮤 | 므 | 미 | 매 | 메 | 뫼 | 뮈 |
| 머 | 며 | 모 | 묘 | 무 | 뮤 | 므 | 미 | 매 | 메 | 뫼 | 뮈 |

● 받침과 겹받침 쓰기

| 맑 | 맑 | 맑 | 맑 | | | | | | |

| 막 | 문 | 만 | 멀 | 품 | 맙 | 뭇 | 멍 | 맞 | 몫 | 맑 | 먹 |
| 막 | 문 | 만 | 멀 | 품 | 맙 | 뭇 | 멍 | 맞 | 몫 | 맑 | 먹 |

● 자음 쓰기

| ㅂㅏ | ㅂㅏ | ㅂㅏ | ㅂㅏ | | | | | | |

| ㅂㅏ | ㅂㅏ | ㅂㅏ | ㅂㅏ | ㅂㅏ | ㅂㅏ | ㅂㅏ | ㅂㅏ | ㅂㅏ | ㅂㅏ | ㅂㅏ | ㅂㅏ |

 **1단계 자음과 모음 모양 바르게 쓰기**

● 모음과 이중모음 쓰기

| 뷰 | 뷰 | 뷰 | 뷰 | | | | | | |

| 버 | 벼 | 보 | 부 | 뷰 | 브 | 비 | 배 | 베 | 봐 | 뵈 | 뷔 |
| 버 | 벼 | 보 | 부 | 뷰 | 브 | 비 | 배 | 베 | 봐 | 뵈 | 뷔 |

● 받침과 겹받침 쓰기

| 밟 | 밟 | 밟 | 밟 | | | | | |

| 박 | 본 | 받 | 벌 | 밤 | 법 | 벗 | 붕 | 벚 | 빛 | 붉 | 밟 |
| 박 | 본 | 받 | 벌 | 밤 | 법 | 벗 | 붕 | 벚 | 빛 | 붉 | 밟 |

● 자음 쓰기

사 사 사 사 ㅅ ㅅ ㅅ ㅅ ㅅ ㅅ

사 사 사 사 사 사 사 사 사 사 사 사
사 사 사 사 사 사 사 사 사 사 사 사

● 모음과 이중모음 쓰기

스 스 스 스 ㅅ ㅅ ㅅ ㅅ ㅅ ㅅ

서 셔 소 쇼 수 슈 스 시 새 세 쇠 쉬
서 셔 소 쇼 수 슈 스 시 새 세 쇠 쉬

1단계 자음과 모음 모양 바르게 쓰기

● 받침과 겹받침 쓰기

숯 숯 숯 숯

삭 순 숟 설 숨 섭 숫 상 숯 샀 삶 싫

● 자음 쓰기

아 아 아 아

아 아 아 아 아 아 아 아 아 아 아 아

● 모음과 이중모음 쓰기

| 어 | 어 | 어 | 어 | | | | | | |

| 야 | 어 | 여 | 오 | 요 | 우 | 유 | 으 | 이 | 예 | 왜 | 위 |
| 야 | 어 | 여 | 오 | 요 | 우 | 유 | 으 | 이 | 예 | 왜 | 위 |

● 받침과 겹받침 쓰기

| 운 | 운 | 운 | 운 | | | | | | |

| 악 | 운 | 울 | 움 | 업 | 웃 | 앙 | 앉 | 않 | 읽 | 옮 | 얇 |
| 악 | 운 | 울 | 움 | 업 | 웃 | 앙 | 앉 | 않 | 읽 | 옮 | 얇 |

1단계 자음과 모음 모양 바르게 쓰기

● 자음 쓰기

| 자 | 자 | 자 | 자 | | | | | | |

| 자 | 자 | 자 | 자 | 자 | 자 | 자 | 자 | 자 | 자 | 자 | 자 |
| 자 | 자 | 자 | 자 | 자 | 자 | 자 | 자 | 자 | 자 | 자 | 자 |

● 모음과 이중모음 쓰기

| 즈 | 즈 | 즈 | 즈 | | | | | | |

| 저 | 져 | 조 | 죠 | 주 | 쥬 | 즈 | 지 | 재 | 제 | 죄 | 쥐 |
| 저 | 져 | 조 | 죠 | 주 | 쥬 | 즈 | 지 | 재 | 제 | 죄 | 쥐 |

● 받침과 겹받침 쓰기

| 준 | 준 | 준 | 준 | | | | | | |

| 작 | 준 | 절 | 줌 | 접 | 줏 | 장 | 젖 | 좇 | 잖 | 젊 | 줍 |
| 작 | 준 | 절 | 줌 | 접 | 줏 | 장 | 젖 | 좇 | 잖 | 젊 | 줍 |

● 자음 쓰기

| 차 | 차 | 차 | 차 | | | | | | |

| 차 | 차 | 차 | 차 | 차 | 차 | 차 | 차 | 차 | 차 | 차 | 차 |
| 차 | 차 | 차 | 차 | 차 | 차 | 차 | 차 | 차 | 차 | 차 | 차 |

1단계 자음과 모음 모양 바르게 쓰기

● 모음과 이중모음 쓰기

| 초 | | | | | | | | | |

| 처 | 쳐 | 초 | 쵸 | 추 | 츄 | 츠 | 치 | 채 | 체 | 최 | 취 |

● 받침과 겹받침 쓰기

| 참 | | | | | | | | | |

| 착 | 춘 | 출 | 참 | 첩 | 첫 | 충 | 찮 | 찪 | 척 | 천 | 충 |

● 자음 쓰기

카 카 카 카

카 카 카 카 카 카 카 카 카 카 카 카
카 카 카 카 카 카 카 카 카 카 카 카

● 모음과 이중모음 쓰기

코 코 코 코

커 켜 코 쿄 쿠 큐 크 키 캐 케 쾌 퀴
커 켜 코 쿄 쿠 큐 크 키 캐 케 쾌 퀴

1단계 자음과 모음 모양 바르게 쓰기

● 받침과 겹받침 쓰기

쿤 쿤 쿤 쿤

각 쿤 컬 쿰 컵 쿳 캉 컥 칸 쿨 컴 캅
각 쿤 컬 쿰 컵 쿳 캉 컥 칸 쿨 컴 캅

● 자음 쓰기

타 타 타 타

타 타 타 타 타 타 타 타 타 타 타 타
타 타 타 타 타 타 타 타 타 타 타 타

● 모음과 이중모음 쓰기

| 태 | 태 | 태 | 태 | | | | | | |

| 터 | 토 | 툐 | 투 | 튜 | 트 | 티 | 태 | 테 | 퇴 | 퉤 | 튀 |
| 터 | 토 | 툐 | 투 | 튜 | 트 | 티 | 태 | 테 | 퇴 | 퉤 | 튀 |

● 받침과 겹받침 쓰기

| 톰 | 톰 | 톰 | 톰 | | | | | | |

| 탁 | 툰 | 탈 | 톰 | 텁 | 툿 | 탕 | 턱 | 탄 | 틸 | 탐 | 팅 |
| 탁 | 툰 | 탈 | 톰 | 텁 | 툿 | 탕 | 턱 | 탄 | 틸 | 탐 | 팅 |

1단계 자음과 모음 모양 바르게 쓰기

● 자음 쓰기

| 파 | 파 | 파 | 파 | | | | | | |

| 파 | 파 | 파 | 파 | 파 | 파 | 파 | 파 | 파 | 파 | 파 | 파 |
| 파 | 파 | 파 | 파 | 파 | 파 | 파 | 파 | 파 | 파 | 파 | 파 |

● 모음과 이중모음 쓰기

| 표 | 표 | 표 | 표 | | | | | | |

| 퍼 | 펴 | 포 | 표 | 푸 | 퓨 | 프 | 피 | 패 | 페 | 폐 | 퓌 |
| 퍼 | 펴 | 포 | 표 | 푸 | 퓨 | 프 | 피 | 패 | 페 | 폐 | 퓌 |

● 받침과 겹받침 쓰기

| 팥 | 팥 | 팥 | 팥 | | | | | | |

| 팍 | 푼 | 풀 | 품 | 펍 | 풋 | 펑 | 팥 | 퍽 | 편 | 필 | 퐁 |
| 팍 | 푼 | 풀 | 품 | 펍 | 풋 | 펑 | 팥 | 퍽 | 편 | 필 | 퐁 |

● 자음 쓰기

| 하 | 하 | 하 | 하 | | | | | | |

| 하 | 하 | 하 | 하 | 하 | 하 | 하 | 하 | 하 | 하 | 하 | 하 |
| 하 | 하 | 하 | 하 | 하 | 하 | 하 | 하 | 하 | 하 | 하 | 하 |

1단계 자음과 모음 모양 바르게 쓰기

● 모음과 이중모음 쓰기

| 호 | 호 | 호 | 호 | | | | | | |

| 허 | 혀 | 호 | 효 | 후 | 휴 | 흐 | 히 | 해 | 혜 | 회 | 희 |

● 받침과 겹받침 쓰기

| 핥 | 핥 | 핥 | 핥 | | | | | | |

| 학 | 훈 | 훌 | 함 | 협 | 훗 | 헝 | 흙 | 핥 | 헉 | 힌 | 홈 |

● 잠깐 쉬어가요

재미로 풀어보는 수수께끼

- 허수아비의 아들 이름은? ⟶ 허수
- 앞으로 친구가 만나기 싫다면 어떻게 해야 할까? ⟶ 뒤로 만난다
- 병든 자여 내게 오라고 말한 사람은? ⟶ 고물 장수
- 물고기의 반대말은? ⟶ 불고기
- 신발이 화가 나면? ⟶ 신…발끈
- 눈 사람의 반대말은? ⟶ 일어선 사람
- 못 팔고도 돈 번 사람은? ⟶ 고물 장수
- 세상에서 가장 착한 사자는? ⟶ 자원봉사자
- 물고기 중에 가장 학력이 좋은 물고기는? ⟶ 고등어
- 달리기를 잘하는 사람들이 사는 도시는? ⟶ 경주
- 귀는 귀인데 못 드는 귀는? ⟶ 뼈다귀
- 약은 약인데 아껴 먹어야 할 약은? ⟶ 절약
- 공중화장실은 어디에 있는 화장실일까? ⟶ 비행기 안 화장실

2단계
교과서 낱말 연습하기

1. 받침이 없는 글자
2. 받침이 있는 글자

2단계 교과서 낱말 연습하기

① 받침이 없는 글자

주의할 글자: 야 가

✏️ 큰 소리로 읽으며 따라 써 보세요.

야	기	야	기	야	기	야	기
야	기	야	기	야	기	야	기

토	끼	토	끼	토	끼	토	끼
토	끼	토	끼	토	끼	토	끼

가	위	가	위	가	위	가	위
가	위	가	위	가	위	가	위

✏️ 맨 처음 글자가 같은 자음자인 글자끼리 선으로 연결해 주세요.

기차	ㄴ	두루미
자라	ㅈ	아파트
두부	ㅇ	너구리
나무	ㄷ	바구니
바다	ㅁ	고구마
우리	ㅂ	무지개
무게	ㄱ	주머니

2단계 교과서 낱말 연습하기

| 주의할 글자 | 과 | 유 |

✏️ 큰 소리로 읽으며 따라 써 보세요.

가지 가지 가지 가지
가지 가지 가지 가지

사과 사과 사과 사과
사과 사과 사과 사과

우주 우주 우주 우주
우주 우주 우주 우주

✏️ 모음자를 찾아 색칠하세요.

ㄱ　ㄴ　ㅗ　ㅑ　ㄹ

ㅏ　ㅓ　ㄷ　ㅠ

✏️ 빈칸에 빠진 글자는 무엇일까요? 빠진 모음자와 자음자를 네모 안에 적어 주세요.

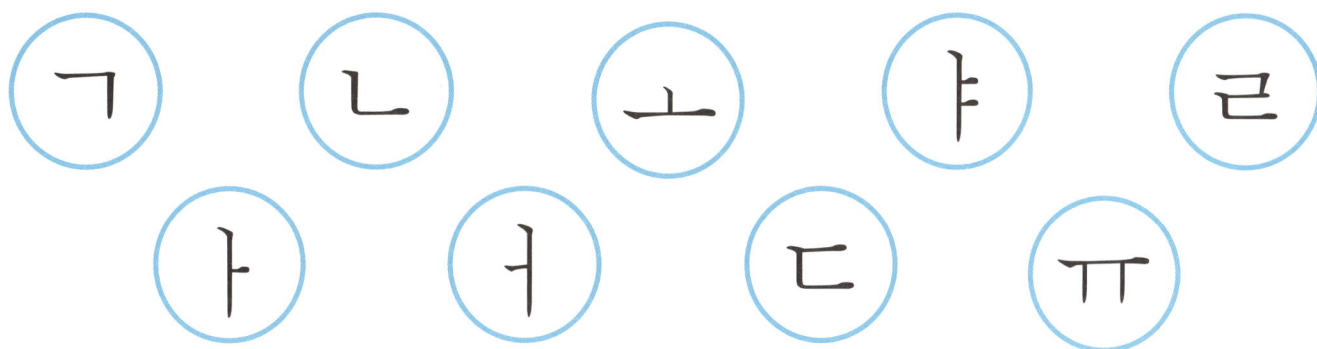

✏️ 'ㅣ' 모음자를 가진 단어를 동그라미 하세요.

① 오이　　② 나무　　③ 바다　　④ 바나나

✏️ 'ㅗ' 모음자를 가진 단어를 동그라미 하세요.

① 자두　　② 모자　　③ 제비　　④ 우유

✏️ 'ㅠ' 모음자를 가진 단어를 동그라미 하세요.

① 유리　　② 여우　　③ 자라　　④ 라디오

2단계 교과서 낱말 연습하기

주의할 글자: 바 토

✏️ 큰 소리로 읽으며 따라 써 보세요.

지우개 지우개 지우개

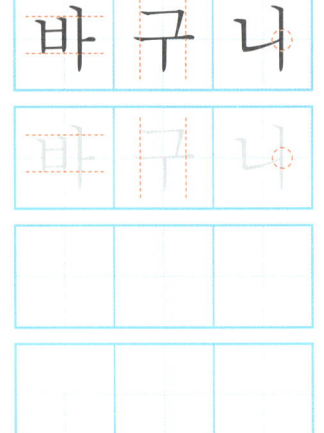

바구니 바구니 바구니 바구니

토마토 토마토 토마토

✏️ 네모 안의 모음과 동그라미 안의 자음을 합쳐서 글자를 만들어요.

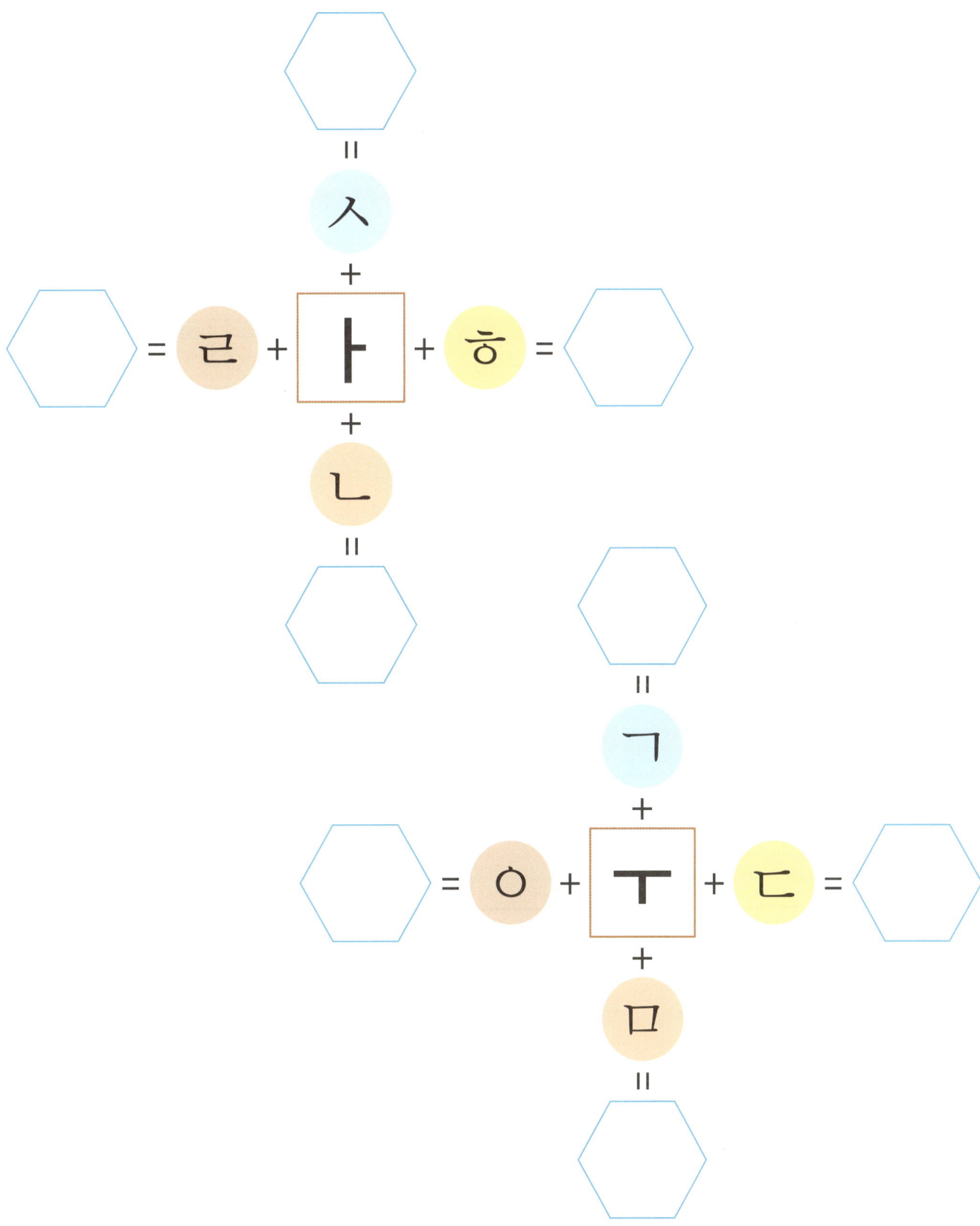

2단계 교과서 낱말 연습하기

주의할 글자 지 나

✏️ 큰 소리로 읽으며 따라 써 보세요.

아버지 아버지 아버지 아버지

도토리 도토리 도토리 도토리

나그네 나그네 나그네 나그네

✏️ ☐안에서 알맞은 글자를 골라 넣고 따라 써요.

보기

래, 기, 비, 미, 코, 다, 도, 꺼, 누

제	나	소	시	노

두	비	키 리	주 사	끼 리

2단계 교과서 낱말 연습하기

❷ 받침이 있는 글자

주의할 글자: 손 연

✏️ 큰 소리로 읽으며 따라 써 보세요.

| 손뼉 | 연습 | 얼굴 | 생각 | 찰흙 |

주의할 글자: 칭 용

| 칭찬 | 팥죽 | 행동 | 용궁 | 상황 |

✏️ 동그라미 안의 받침을 넣어 새로운 글자를 만들어요.

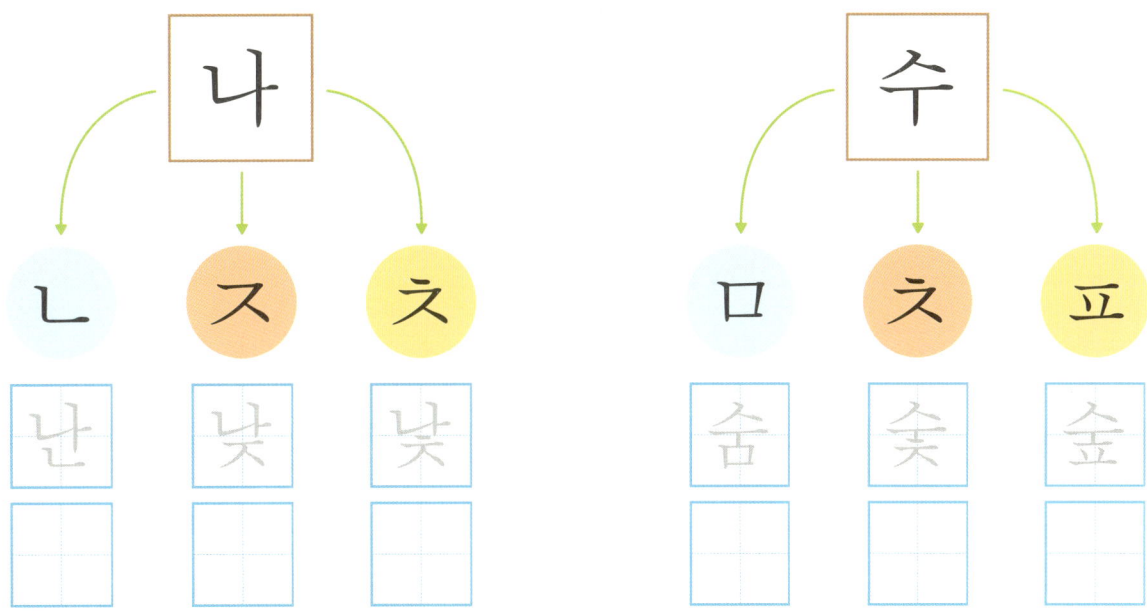

✏️ 여러 가지 인사말 중 알맞은 인사말을 찾아 써 주세요.

보기

안녕히 다녀오셨어요? / 잘 먹겠습니다.
다녀오겠습니다. / 안녕.

▶ 아침에 학교에 갈 때

▶ 친구랑 헤어질 때

▶ 저녁에 식사를 할 때

2단계 교과서 낱말 연습하기

주의할 글자 건 난

✏️ 큰 소리로 읽으며 따라 써 보세요.

| 손 수 건 | 장 난 감 | 임 금 님 | 햇 곡 식 |

주의할 글자 울 렁

| 쫑 긋 쫑 긋 | 울 긋 불 긋 | 물 렁 물 렁 |

✏️ 왼쪽 글자에 받침자를 넣어 새로운 글자를 만들어요.

가 + ㅁ = ☐   가 + ㅇ = ☐

기 + ㅁ = ☐   기 + ㅅ = ☐

마 + ㄹ = ☐   마 + ㅅ = ☐

소 + ㄴ = ☐   소 + ㅌ = ☐

✏️ 왼쪽 문장과 알맞은 단어를 찾아 선을 연결해 주세요.

밭이 •	• 맑다.
물이 •	• 넓다.
단풍잎이 •	• 앉다.
밥을 •	• 굶다.
의자에 •	• 붉다.

남자아이가 좋아하는
낱말 쓰기

3단계

1. 두 글자 쓰기
2. 세 글자 쓰기

3단계 남자아이가 좋아하는 낱말 쓰기

① 두 글자 쓰기

주의할 글자: 자 바

✏️ 내가 좋아하는 것을 따라 써 보세요.

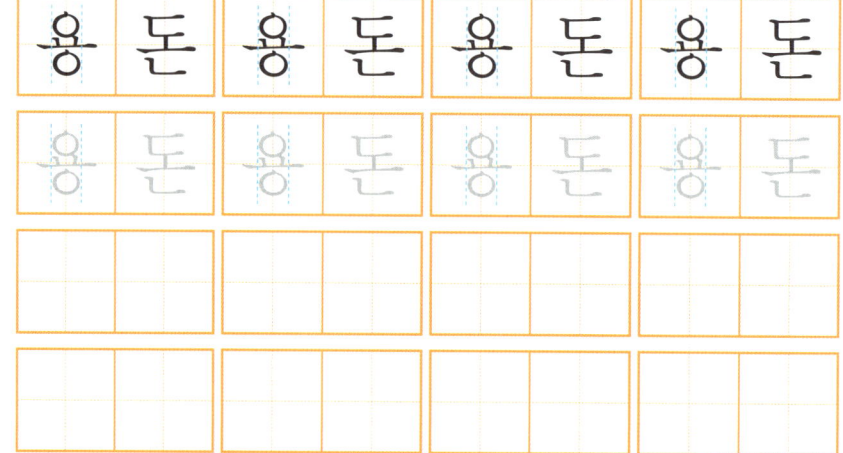

용돈 용돈 용돈 용돈

모자 모자 모자 모자

바지 바지 바지 바지

✏️ ☐안에서 알맞은 글자를 골라 넣고 따라 써요.

보기
얼, 학, 계, 공, 충, 운, 팽, 어, 태

| 악 | 이 | 룡 | 과 | 동 |

| 외 인 | 권 도 | 룩 말 | 삼 엽 |

3 단계 남자아이가 좋아하는 낱말 쓰기

주의할 글자	구	축

내가 좋아하는 운동의 이름을 따라 써 보세요.

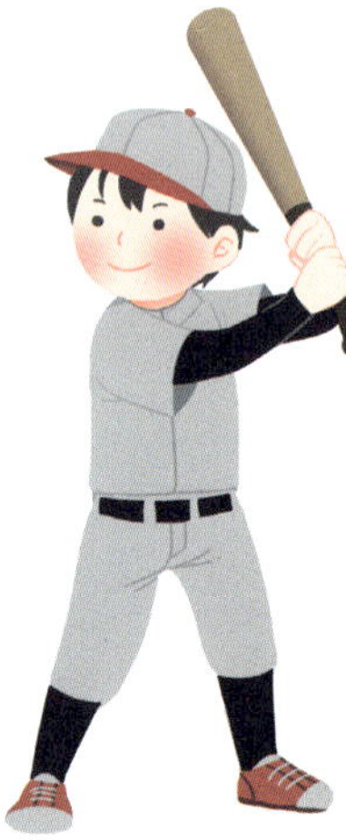

야구	야구	야구	야구
야구	야구	야구	야구

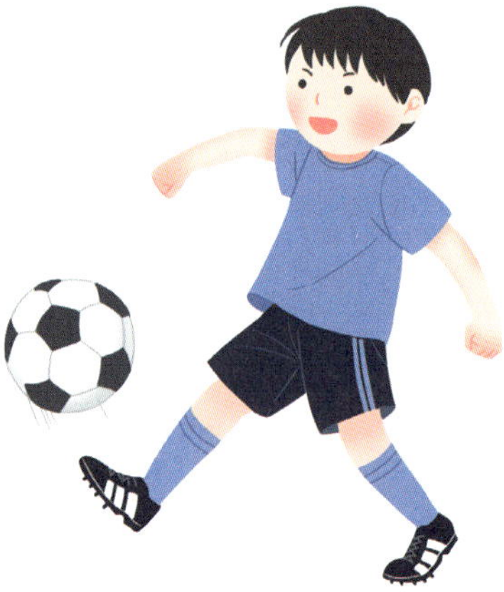

축구	축구	축구	축구
축구	축구	축구	축구

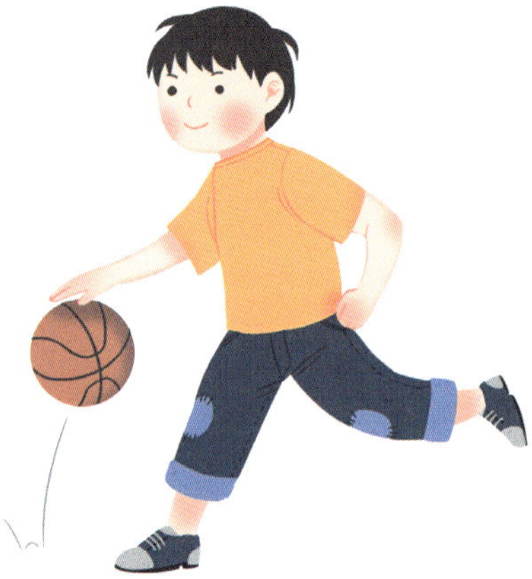

농구	농구	농구	농구
농구	농구	농구	농구

📝 보기에서 흉내 내는 말을 골라 빈칸을 채워주세요.

보기

살랑살랑, 주렁주렁, 소곤소곤, 방글방글, 반짝반짝

열매가 ____ 달렸습니다.

하늘에 별이 ____ 빛납니다.

아기가 ____ 웃습니다.

하준이와 지호는 ____ 속삭입니다.

📝 알맞은 것끼리 선을 연결해 주세요.

소방차는 •   • 노랗다.

눈은 •   • 빨갛다.

바다는 •   • 하얗다.

개나리는 •   • 파랗다.

3단계 남자아이가 좋아하는 낱말 쓰기

② 세 글자 쓰기

주의할 글자: 동 기

✏️ 내가 좋아하는 탈것들을 써 보세요.

| 자 | 동 | 차 | | 비 | 행 | 기 | | 소 | 방 | 차 | | 자 | 전 | 거 |

✏️ 다음 문장을 따라 써 보세요.

아빠는 자동차를 타고 ✓
나는 자전거를 타요.
제주에서 휴가를 보내기 위해 비행기를 타요.

📝 알맞은 낱말을 골라 동그라미 하세요.

영석이는 나보다 키가 작습니다.
영석이는 나보다 키가 적습니다.

아홉시까지 반드시 숙제를 마치겠습니다.
아홉시까지 반듯이 숙제를 마치겠습니다.

오늘이 엄마 생신이라는 걸 깜빡 잃어버렸습니다.
오늘이 엄마 생신이라는 걸 깜빡 잊어버렸습니다.

운동복이 땀으로 흠뻑 젖었습니다.
운동복이 땀으로 흠뻑 젖었습니다.

📝 아래 문장에서 알맞은 낱말을 골라 동그라미 하세요.

아주머니 (안녕? / 안녕하세요?)

할머니 (잘 자. / 안녕히 주무세요.)

지호야, 도와줘서 (고마워. / 감사합니다.)

선생님, 신발을 밟아서 (죄송합니다. / 미안.)

3단계 남자아이가 좋아하는 낱말 쓰기

주의할 글자: 사 방

✏️ 여러 가지 직업을 써 보세요.

| 요 | 리 | 사 | | 소 | 방 | 관 | | 과 | 학 | 자 | | 선 | 생 | 님 |

✏️ 다음 문장을 따라 써 보세요.

내 꿈은 소방관이고
누나는 요리사입니다.
아빠의 직업은 공무원
이고 엄마는 과학자예요.

✏️ 사다리 타기 놀이를 하며 알맞은 문장을 만들어 보세요.

3단계 남자아이가 좋아하는 낱말 쓰기

주의할 글자 | 챙 | 숭

✏️ 여러 가지 동물을 써 보세요.

| 올 | 챙 | 이 | 원 | 숭 | 이 | 도 | 마 | 뱀 | 도 | 룡 | 뇽 |

✏️ 다음 문장을 따라 써 보세요.

개구리 올챙이 적 생각 못한다.

형은 도마뱀을 키우고 싶은데 엄마가 반대해요.

📝 순서에 맞게 문장을 만들어요.

우리는 / 합니다. / 농구를 / 운동장에서
▶ _____

왕입니다. / 사자는 / 동물의
▶ _____

나는 / 오후에 / 갑니다. / 학원에
▶ _____

티라노사우루스는 / 입니다. / 육식 동물
▶ _____

📝 기분을 나타내는 문장에 맞는 낱말을 골라 동그라미 하세요.

크리스마스 선물을 받아서 (기뻐요. / 슬퍼요. / 화나요.)

친구들 앞에서 발표하려니 (미안해요. / 떨려요. / 고마워요.)

우리 집 강아지가 하늘나라로 가서 (기뻐요. / 신나요. / 슬퍼요.)

유리야, 지우개를 빌려주어서 (고마워. / 미안해. / 속상해.)

내가 화를 내어 동생아 (신나요. / 미안해. / 부러워.)

누나 생일을 (화나요. / 부끄러워. / 축하해.)

4단계
문장 쓰며 글씨 익히기

1. 짧은 문장 쓰기
2. 긴 문장 쓰기
3. 헷갈리는 맞춤법 따라 쓰기
4. 어휘력을 키워주는 속담 따라 쓰기

4단계 문장 쓰며 글씨 익히기

❶ 짧은 문장 쓰기

✏️ 그림을 보고 문장을 따라 써 보세요.

나는	책상에	앉아 ˅
공부를	합니다.	
책상	위에는	연필
과	지우개가	있어요.

❷ 긴 문장 쓰기

✏️ 흉내 내는 말에 유의하며 다음 문장을 따라 쓰세요.

토끼와 거북이가 경주를 합니다.

토끼가 깡충깡충 뜁니다. 거북이는 엉금엉금 갑니다.

앞에 가던 토끼가 쿨쿨 낮잠을 잡니다.

4단계 문장 쓰며 글씨 익히기

❶ 짧은 문장 쓰기

✏️ 그림을 보고 문장을 따라 써 보세요.

	겨	울	에	는		함	박	눈	이 ✓
펑	펑		내	립	니	다	.		
	엄	마	는			무	와		배	추
로		김	치	를		담	급	니	다 .

❷ 긴 문장 쓰기

✏️ 문장 부호에 유의하며 다음 문장을 따라 쓰세요.

호랑이와 곰은 숲속에서 살았습니다.

"우리도 사람이 되고 싶어요."

둘은 사람이 되기 위해 동굴에서 쑥과 마늘을 먹었습니다.

4단계 문장 쓰며 글씨 익히기

❶ 짧은 문장 쓰기

✏️ 아래 그림일기를 보고 <보기>에서 알맞은 낱말을 골라 주세요.

날짜: 20   년 5월 1일 토요일 | 날씨: 해가 쨍쨍

내		짝	은		민	수	입	니	다	.
민	수	는				좋	아	합	니	다	.
우	리	는					갔	습	니
다	.	우	리	는		책	을		
.

보기

읽었어요, 핥았어요, 책을, 땅을, 놀이동산에, 도서관에

❷ 긴 문장 쓰기

✏️ 문장 부호에 유의하며 다음 문장을 따라 쓰세요.

토요일, 우리 가족은 동물원에 갔어요.

"야호!"

나와 형은 좋아서 크게 소리쳤습니다.

하마와 '어흥' 우는 사자도 봤어요.

4단계 문장 쓰며 글씨 익히기

❸ 헷갈리는 맞춤법 따라 쓰기

가리키다 / 가르치다

- 가리키다 : 동, 서, 남, 북 방향을 가리키는 것을 말합니다.
- 가르치다 : 선생님이 학생에게, 또는 잘 아는 이가 모르는 사람에게 배움을 익히게 하는 것을 뜻해요.

| 가 | 리 | 키 | 다 | | 가 | 리 | 키 | 다 | | 가 | 리 | 키 | 다 |

가리키다 : 동, 서, 남, 북 방향을 가리키는 것

| 가 | 르 | 치 | 다 | | 가 | 르 | 치 | 다 | | 가 | 르 | 치 | 다 |

가르치다 : 선생님이 학생에게 배움을 익히게 하는 것

가벼이 / 일찍이

- 가벼이 : 무게가 적거나 덜 중요한 것을 말해요.
- 일찍이 : 일정한 시간보다 빠르거나 앞서는 것을 말해요.

| 가 | 벼 | 이 | | 가 | 벼 | 이 | | 가 | 벼 | 이 | | 가 | 벼 | 이 |

가벼이 : 무게가 적거나 덜 중요한 것

| 일 | 찍 | 이 | | 일 | 찍 | 이 | | 일 | 찍 | 이 | | 일 | 찍 | 이 |

일찍이 : 일정한 시간보다 빠르거나 앞서는 것

4단계 문장 쓰며 글씨 익히기

경신 / 갱신

- 경신 : 어떤 분야의 예전 최고치나 최저치를 새롭게 하는 것을 말합니다.
- 갱신 : 주로 법적인 관계에서 기간이 끝나서 그 기간을 늘리거나 바꾸는 것을 뜻해요.

경신 : 예전 최고치나 최저치를 새롭게 하는 것

갱신 : 기간이 끝나서 그 기간을 늘리거나 바꾸는 것

끼다 / 뀌다

- 끼다 : 안개가 퍼지거나 먼지가 덩어리처럼 달라붙는 것을 말해요.
- 뀌다 : 몸 밖으로 방귀 등을 나가게 하는 것을 말해요.

끼다 : 안개가 퍼지거나 먼지가 덩어리처럼 달라붙는 것

뀌다 : 몸 밖으로 방귀 등을 나가게 하는 것

4단계 문장 쓰며 글씨 익히기

나무꾼 / 김칫국

- 나무꾼 : 나무를 베거나 수확을 잘하는 사람을 말해요. ㅅ(사이시옷)이 들어가지 않음에 유의해요.
- 김칫국 : 배추나 무를 양념으로 섞은 후 발효시킨 음식인 김치의 국물을 말해요. 김치 + 국으로 이뤄졌으므로 사이시옷을 붙여요.

| 나 | 무 | 꾼 | | 나 | 무 | 꾼 | | 나 | 무 | 꾼 | | 나 | 무 | 꾼 |

나무꾼 : 나무를 베거나 수확을 잘하는 사람

| 김 | 칫 | 국 | | 김 | 칫 | 국 | | 김 | 칫 | 국 | | 김 | 칫 | 국 |

김칫국 : 배추나 무를 양념으로 섞은 음식인 김치의 국물

뒤통수 / 뒷사람

- 뒤통수 : 머리의 뒤쪽에 있는 부분을 가리킵니다. '뒤' 다음에 거센소리인 'ㅌ'이 오므로 사이시옷을 붙이지 않습니다.
- 뒷사람 : 뒤에 있는 사람, 나중에 오는 사람을 말합니다.

| 뒤 | 통 | 수 | | 뒤 | 통 | 수 | | 뒤 | 통 | 수 | | 뒤 | 통 | 수 |

뒤통수 : 머리의 뒤쪽에 있는 부분

| 뒷 | 사 | 람 | | 뒷 | 사 | 람 | | 뒷 | 사 | 람 | | 뒷 | 사 | 람 |

뒷사람 : 뒤에 있는 사람, 나중에 오는 사람

4단계 문장 쓰며 글씨 익히기

새벽녘 / 저물녘

- 새벽녘 : 해가 뜰 무렵을 말해요.
- 저물녘 : 해가 져서 어두워지는 즈음을 뜻해요.

| 새 | 벽 | 녘 | | 새 | 벽 | 녘 | | 새 | 벽 | 녘 | | 새 | 벽 | 녘 |

새벽녘 : 해가 뜰 무렵

| 저 | 물 | 녘 | | 저 | 물 | 녘 | | 저 | 물 | 녘 | | 저 | 물 | 녘 |

저물녘 : 해가 져서 어두워지는 즈음

섞다 / 썩다

- 섞다 : 두 가지 이상의 것을 하나로 합칠 때 사용해요.
- 썩다 : 음식이 부패하거나 상한 것을 말해요.

| 섞 | 다 | 섞 | 다 | 섞 | 다 | 섞 | 다 | 섞 | 다 | 섞 | 다 |

| 섞 | 다 | 섞 | 다 | 섞 | 다 | 섞 | 다 | 섞 | 다 | 섞 | 다 |

섞다 : 두 가지 이상의 것을 하나로 합칠 때

| 썩 | 다 | 썩 | 다 | 썩 | 다 | 썩 | 다 | 썩 | 다 | 썩 | 다 |

| 썩 | 다 | 썩 | 다 | 썩 | 다 | 썩 | 다 | 썩 | 다 | 썩 | 다 |

썩다 : 음식이 부패하거나 상한 것

4단계 문장 쓰며 글씨 익히기

설렁탕 / 육개장

- 설렁탕 : 소의 뼈와 내장 등을 넣어 오랫동안 삶아서 만든 국을 뜻해요.
- 육개장 : 소고기를 뜯어서 넣고 맵게 끓인 국을 말해요.

| 설 | 렁 | 탕 | | 설 | 렁 | 탕 | | 설 | 렁 | 탕 | | 설 | 렁 | 탕 |

설렁탕 : 소의 뼈와 내장 등을 넣어 오랫동안 삶아서 만든 국

| 육 | 개 | 장 | | 육 | 개 | 장 | | 육 | 개 | 장 | | 육 | 개 | 장 |

육개장 : 소고기를 뜯어서 넣고 맵게 끓인 국

성장률 / 백분율

- 성장률 : 이전보다 얼마나 증가하였는지를 보여주는 비율. 받침이 있는 단어는 '-률'을, 받침이 없는 단어는 '-율'을 붙입니다.
- 백분율 : 전체를 100으로 하여 비교하는 양의 비율. ㄴ 받침 뒤에는 예외로 '-율'로 적어요.

| 성 | 장 | 률 | | 성 | 장 | 률 | | 성 | 장 | 률 | | 성 | 장 | 률 |

성장률 : 이전보다 얼마나 증가하였는지를 보여주는 비율

| 백 | 분 | 율 | | 백 | 분 | 율 | | 백 | 분 | 율 | | 백 | 분 | 율 |

백분율 : 전체를 100으로 하여 비교하는 양의 비율

4단계 문장 쓰며 글씨 익히기

수탉 / 수캐

- 수탉 : 닭의 수컷은 '수탉'이라고 해요.
- 수캐 : 개의 수컷은 '수캐'라고 해요.

| 수탉 | 수탉 | 수탉 | 수탉 | 수탉 | 수탉 |

수탉 : 닭의 수컷

| 수캐 | 수캐 | 수캐 | 수캐 | 수캐 | 수캐 |

수캐 : 개의 수컷

쓸다 / 썰다

- 쓸다 : 비로 쓰레기를 치우는 것을 '쓸다'라고 써요.
- 썰다 : 칼이나 톱으로 잘라내는 것을 말해요.

쓸다	쓸다	쓸다	쓸다	쓸다	쓸다
쓸다	쓸다	쓸다	쓸다	쓸다	쓸다

쓸다 : 비로 쓰레기를 치우는 것

썰다	썰다	썰다	썰다	썰다	썰다
썰다	썰다	썰다	썰다	썰다	썰다

썰다 : 칼이나 톱으로 잘라내는 것

4단계 문장 쓰며 글씨 익히기

열심히 / 단단히

- 열심히 : 어떤 일에 온 정신을 쏟거나 열정적으로 몰두하는 것. 우리말에는 '-이'로 끝나는 말과 '-히'로 끝나는 말이 있어요. 헷갈리지 않도록 주의해야 해요.
- 단단히 : 강하고 굳센 상태나 마음을 '단단히'라고 합니다.

| 열 | 심 | 히 | 열 | 심 | 히 | 열 | 심 | 히 | 열 | 심 | 히 |

열심히 : 온 정신을 쏟거나 열정적으로 몰두하는 것

| 단 | 단 | 히 | 단 | 단 | 히 | 단 | 단 | 히 | 단 | 단 | 히 |

단단히 : 강하고 굳센 상태나 마음

조리다 / 졸이다

- 조리다 : 요리할 때 양념이 배어들게 국물이 별로 없이 끓이는 것을 '조리다'라고 해요.
- 졸이다 : 마음이 초조하거나 애가 타는 것을 '졸이다'라고 해요.

| 조 | 리 | 다 | 조 | 리 | 다 | 조 | 리 | 다 | 조 | 리 | 다 |

조리다 : 양념이 배어들게 국물이 별로 없이 끓이는 것

| 졸 | 이 | 다 | 졸 | 이 | 다 | 졸 | 이 | 다 | 졸 | 이 | 다 |

졸이다 : 마음이 초조하거나 애가 타는 것

4단계 문장 쓰며 글씨 익히기

❹ 어휘력을 키워주는 속담 따라 쓰기

가. 동물 속담

낮말은 새가 듣고 밤말은 쥐가 듣는다.

낮말은 새가 듣고 밤말은 쥐가 듣는다.

 ▪ 우리가 하는 말은 낮과 밤의 구분 없이 다른 사람이 들을 수 있다는 뜻이에요. 그러므로 늘 말조심을 해야겠죠?

귀신(을) 피하려다 호랑이(를) 만난다. / 새 발의 피

귀신(을) 피하려다 호랑이(를) 만난다. / 새 발의 피

 ▪ 어떤 어려운 상황을 피하려고 하면 오히려 더 큰 어려운 일을 겪게 된다는 뜻입니다.
▪ 새의 발은 작으므로 거기서 나오는 피 또한 적은 양이겠죠? '새 발의 피'는 아주 적은 양이나 사소한 일을 일컫는 말입니다.

호랑이에게 물려 가도 정신만 차리면 산다.

호랑이에게 물려 가도 정신만 차리면 산다.

 ▪ 정신을 바짝 차리고 마음을 굳게 먹으면 그 어떤 위험도 이겨낼 수 있다는 말입니다.

가. 동물 속담

미꾸라지 한 마리가 한강 물을 흐려 놓는다.

미꾸라지 한 마리가 한강 물을 흐려 놓는다.

- 한 마리의 작은 미꾸라지가 넓은 한강 물을 흐리게 한다는 말입니다. 즉 한 사람의 잘못된 언행으로 많은 사람이 피해를 받게 되는 것을 뜻합니다.

물이 너무 맑으면 고기가 아니 모인다. [산다.]

물이 너무 맑으면 고기가 아니 모인다. [산다.]

- 사람이 행동을 지나치게 바르고 깨끗하게 하면 주변에 친구나 좋아하는 사람이 적다는 말입니다.

비 맞은 장닭 같다. / 물독에 빠진 생쥐 같다.

비 맞은 장닭 같다. / 물독에 빠진 생쥐 같다.

- 물에 젖어 볼품없이 축 처지거나 기운이 없는 상태를 말해요.

4단계 문장 쓰며 글씨 익히기

가. 동물 속담

서당 개 삼 년에 풍월(을) 한다. [읊는다.]

- 서당의 개도 일정 기간이 지나면 글을 읽듯이 어떤 분야에서 오래 듣고 익히다 보면 저절로 지식이 생기고 깨우치게 된다는 속담입니다.

가는 말에 채찍질 = 가는 말에도 채찍을 치랬다.

- 달리고 있는 말에 더 빨리 달리라고 채찍질하듯이, 더 열심히 하라고 재촉한다는 의미입니다.

말은 나면 제주도로 보내고 사람은 나면 서울로 보내라.

- 말은 자라기 좋은 환경인 제주도에서 자라야 하고, 사람은 서울과 같은 좋은 환경에서 자라야 잘될 가능성이 높다는 말입니다.

가. 동물 속담

고양이 목에 방울 달기[단다.]

고양이 목에 방울 달기[단다.]

- 쥐가 고양이 목에 소리가 나는 방울을 달기 매우 어렵다는 뜻으로, 실천하기 어려운 일을 쓸데없이 상의하는 것을 말해요.

까마귀 날자 배 떨어진다. / 말 갈 데 소 간다.

까마귀 날자 배 떨어진다. / 말 갈 데 소 간다.

- 관련성이 없는 일임에도 오해나 의심을 받을 때 사용하는 속담입니다.
- 말이 가야 할 장소에 소가 간다는 말로, 가서는 안 될 곳을 간다는 뜻입니다.

숭어가 뛰니까 망둥이도 뛴다.

숭어가 뛰니까 망둥이도 뛴다.

- 자신의 처지는 생각하지 않고 다른 사람이 하니까 자기도 따라 하는 경우를 가리키는 말이에요.

4단계 문장 쓰며 글씨 익히기

나. 음식 속담

떡 줄 사람은 꿈도 안 꾸는데 김칫국부터 마신다.

떡 줄 사람은 꿈도 안 꾸는데 김칫국부터 마신다.

- 상대방은 떡을 줄 마음이 없는데, 나는 떡을 줄 거라고 여기고 목이 메지 않도록 미리 김칫국을 마신다는 거예요. 즉 상대방은 생각조차 않는데, 먼저 기대하는 경우를 말해요.

고기도[떡도] 먹어 본 사람이 많이 먹는다.

고기도[떡도] 먹어 본 사람이 많이 먹는다.

- 고기와 같은 음식도 자주 먹어 본 사람이 맛을 잘 알고 친근해서 더 잘 먹는답니다. 이 속담은 무슨 일이든지 하던 사람이 더 잘하기 마련이라는 뜻입니다.

떡 본 김에 제사 지낸다. = 떡 본 김에 굿한다.

떡 본 김에 제사 지낸다. = 떡 본 김에 굿한다.

- 제삿날이 되지 않았는데, 우연히 떡이 생겼습니다. 그래서 떡이 생긴 기회를 놓치지 않고 제사를 지낸다는 뜻입니다. 즉 필요한 것이 있을 때 하려고 했던 일을 해치운다는 속담입니다.

나. 음식 속담

콩으로 메주를 쑨다 하여도 곧이듣지 않는다.
콩으로 메주를 쑨다 하여도 곧이듣지 않는다.

- 된장, 고추장을 메주로 쑤어 만드는 것이 사실임에도 못 믿겠다는 의미로, 사실을 말해도 그 말을 도무지 믿을 수 없다는 뜻이에요.

땅 짚고 헤엄치기 = 누워서 떡 먹기
땅 짚고 헤엄치기 = 누워서 떡 먹기

- 물이 없는 곳에서 헤엄치는 시늉을 하기는 쉽겠죠? 무언가를 하기가 매우 쉽다는 말이에요.

입에 맞는 떡은 구하기 어렵다. / 죽 쑤어 개 준다.
입에 맞는 떡은 구하기 어렵다. / 죽 쑤어 개 준다.

- 내 입맛에 맞는 맛있는 음식은 흔하지 않죠? 맛있는 음식을 구하기 어렵듯이 마음에 맞는 친구나 물건을 구하기 쉽지 않다는 뜻이에요.
- 내가 노력한 일이 다른 사람에게 이로운 일이 될 때 사용하는 속담입니다.

4단계 문장 쓰며 글씨 익히기

나. 음식 속담

어물전 망신은 꼴뚜기가 시킨다.

어물전 망신은 꼴뚜기가 시킨다.

- 생선 가게에서는 제일 못난 꼴뚜기가 망신시키듯, 제일 못난 사람이 친구나 다른 사람을 창피하게 만든다는 뜻입니다.

부뚜막의 소금도 집어넣어야 짜다.

부뚜막의 소금도 집어넣어야 짜다.

- 소금의 맛이 짠지 안 짠지는 먹어보아야 알 수 있듯이 사용해 보거나 해보지 않고서는 소용이 없음을 가리키는 말입니다.

흉년의 떡도 많이 나면 싸다. / 싼 것이 비지떡

흉년의 떡도 많이 나면 싸다. / 싼 것이 비지떡

- 어떤 물건이라도 많으면 소중하지 않고 하찮게 된다는 속담입니다.
- 가격이 저렴한 것은 그만큼 내용도 떨어진다는 뜻입니다.

다. 사람 속담

천 길 물속은 알아도 한 길 사람의 속은 모른다.

천 길 물속은 알아도 한 길 사람의 속은 모른다.

- 천 가지 갈래의 물속은 알 수 있지만 한 가지 사람의 마음은 알 수 없다는 말이에요. 그만큼 사람의 마음을 알기가 어렵다는 뜻입니다.

똥 누러 갈 적 마음 다르고 올 적 마음 다르다.

똥 누러 갈 적 마음 다르고 올 적 마음 다르다.

- 급하게 화장실에 갈 때의 마음과 느긋하게 화장실을 나올 때의 마음은 다르겠죠? 다급할 때는 간절히 사정하다가 그 일이 해결되면 마음이 바뀌거나 모른 척하는 경우를 빗대는 말입니다.

주머니 털어 먼지 안 나오는 사람 없다.

주머니 털어 먼지 안 나오는 사람 없다.

- 주머니를 털면 휴지나 먼지가 나올 거예요. 아무리 깨끗한 사람도 먼지가 나올 수밖에 없는 것처럼 누구나 단점이나 약점이 있다는 말입니다.

4단계 문장 쓰며 글씨 익히기

다. 사람 속담

옷은 새 옷이 좋고 사람은 옛사람이 좋다.

- 물건은 새것이 좋지만 사람은 오랫동안 정을 나눈 사람(친구)이 더 좋다는 뜻입니다.

물에 빠진 놈 건져 놓으니까 내 봇짐 내라 한다.

- 물에 빠져 생명이 위태로운 사람을 구해주니 자기 보따리를 내놓으라고 요구하듯이, 남에게 도움을 받고도 감사할 줄 모를 때를 가리킵니다.

귀신이 곡할 노릇 / 우물가에 애 보낸 것 같다.

- '곡하다'는 크게 소리 내어 우는 것을 말해요. 귀신도 크게 소리 내어 울 정도로 그 일이 황당하고 신기하다는 의미입니다.
- 어린아이가 우물 근처에 있으면 우물에 빠질까 걱정되듯이 마음이 편안하지 않고 불안한 상태를 말합니다.

라. 물 속담

한번 엎지른 물은 다시 주워 담지 못한다.

한번 엎지른 물은 다시 주워 담지 못한다.

- 엎지른 물을 그릇에 다시 담을 수 없는 것처럼, 문제가 생기면 예전처럼 돌아가기 어렵다는 뜻입니다.

물에 빠지면 지푸라기라도 잡는다.

물에 빠지면 지푸라기라도 잡는다.

- '지푸라기'는 벼의 낱알을 떨어내고 남은 줄기의 부스러기를 말해요. 사람이 다급하거나 위험한 일이 생기면 무엇이든지 붙잡게 된다는 말입니다.

찬물도 위아래가 있다. / 피는 물보다 진하다.

찬물도 위아래가 있다. / 피는 물보다 진하다.

- 찬물을 마실 때도 윗사람이 먼저 마시도록 해야 한다는 뜻으로, 웃어른을 공경해야 한다는 속담입니다.
- 부모와 형제 사이는 그 어떤 것보다 관계가 돈독하다는 뜻입니다.

4단계 문장 쓰며 글씨 익히기

라. 물 속담

물고기는 물을 떠나 살 수 없다.

물고기는 물을 떠나 살 수 없다.

- 물고기가 물이 없으면 살 수 없듯이 사람도 자신의 터전과 떨어질 수 없음을 말합니다.

목마른 놈이 우물 판다. = 갑갑한 놈이 우물 판다.

목마른 놈이 우물 판다. = 갑갑한 놈이 우물 판다.

- 목이 마르지 않은 사람보다 목이 마른 사람이 먼저 우물을 찾아서 파겠죠? 이처럼 무언가를 필요로 하거나, 절실한 사람이 그 일을 먼저 한다는 뜻입니다.

윗물이 맑아야 아랫물이 맑다. / 냉수 먹고 이 쑤시기

윗물이 맑아야 아랫물이 맑다. / 냉수 먹고 이 쑤시기

- 나이가 많은 사람이 잘하면 나이가 적은 사람도 이를 본받아서 잘하게 된다는 뜻입니다.
- 냉수를 마셔 놓고 마치 고기를 먹은 것처럼 이를 쑤신다는 말로, 겉으로 있는 척하는 것을 비유하는 말입니다.

마. 식물 속담

될성부른 나무는 떡잎부터 알아본다.

될성부른 나무는 떡잎부터 알아본다.

- 훌륭하게 될 인물은 어려서부터 남다른 재능을 보이거나 행동을 한다는 의미에요.

콩이야 팥이야 한다. / 귀신 씨나락 까먹는 소리

콩이야 팥이야 한다. / 귀신 씨나락 까먹는 소리

- 콩과 팥의 싹은 모양이 비슷해서 구별하기 어려워요. 이처럼 중요하지 않은 일에 옳고 그름을 따지거나 서로 말다툼하는 것을 뜻해요.
- '씻나락'은 볍씨의 사투리입니다. 엉뚱하거나 말도 안 되는 소리를 비유적으로 표현한 말입니다.

겨 묻은 개가 똥 묻은 개를 나무란다.[흉본다.]

겨 묻은 개가 똥 묻은 개를 나무란다.[흉본다.]

- 겨는 곡식의 낟알을 찧어 벗겨낸 껍질로, 자신의 결점은 모른 채 다른 사람의 작은 단점을 크게 흉볼 때 사용해요.

4단계 문장 쓰며 글씨 익히기

마. 식물 속담

눈에 콩깍지가 씌었다. / 도토리 키 재기

눈에 콩깍지가 씌었다. / 도토리 키 재기

- 정확하게 판단하지 못하고 무조건 좋게만 보는 것을 비유적으로 이르는 말이에요.
- 능력이나 정도가 비슷한 사람끼리 서로 더 낫다고 겨루지만 큰 차이가 없을 때를 가리키는 속담입니다.

원숭이도 나무에서 떨어진다.

원숭이도 나무에서 떨어진다.

- 어떤 일을 잘하는 사람이나 뛰어난 사람도 실수할 수 있음을 뜻합니다.

가랑잎이 솔잎더러 바스락거린다고 한다.

가랑잎이 솔잎더러 바스락거린다고 한다.

- 자기의 잘못이 큼에도 불구하고 나보다 잘못이 적은 다른 사람의 허물을 지적하거나 나무랄 때 사용하는 속담입니다.

정답

★ 정답

51쪽

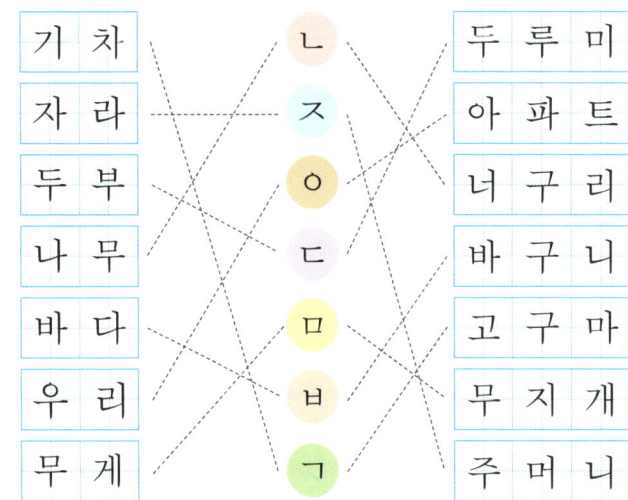

53쪽   ㅏ, ㅓ, ㅗ, ㅑ, ㅠ
ㄴ, ㄹ, ㅂ, ㅇ / ㅑ, ㅕ, ㅛ, ㅠ
①오이 / ②모자 / ①유리

55쪽   (오른쪽 방향으로) 사, 하, 나, 라 / 구, 두, 무, 우

57쪽   제비, 누나, 미소, 도시, 노래 / 두꺼비, 키다리, 주사기, 코끼리

59쪽

다	녀	오	겠	습	니	다	.		
안	녕	.							
잘		먹	겠	습	니	다	.		

61쪽   감, 강 / 김, 깃 / 말, 맛 / 손, 솥

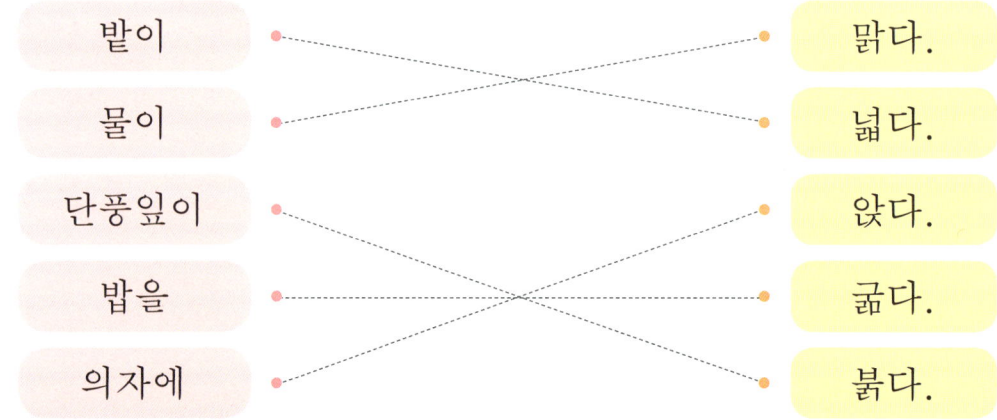

65쪽 악어, 팽이, 공룡, 과학, 운동 / 외계인, 태권도, 얼룩말, 삼엽충

67쪽 주렁주렁 / 반짝반짝 / 방글방글 / 소곤소곤

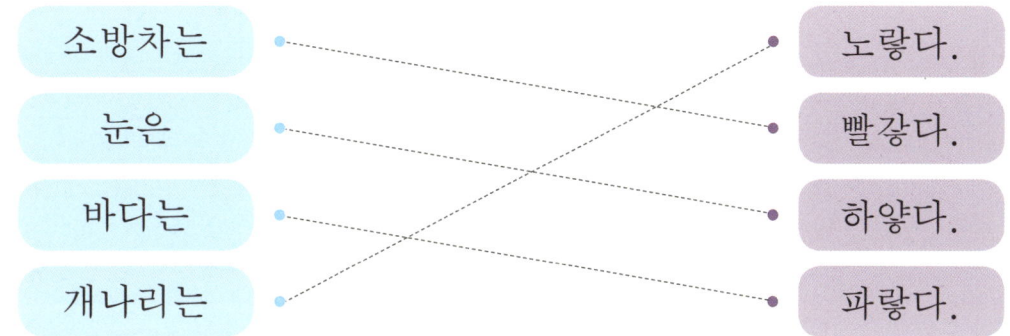

69쪽 작습니다. / 반드시 / 잊어버렸습니다. / 젖었습니다.
안녕하세요? / 안녕히 주무세요. / 고마워. / 죄송합니다.

71쪽

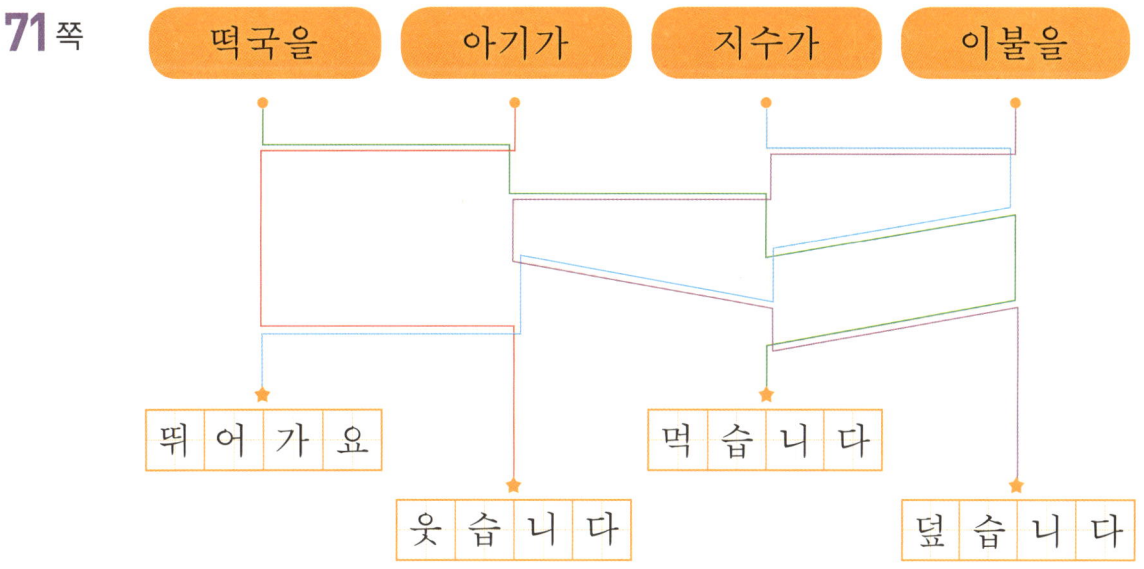

73쪽 우리는 운동장에서 농구를 합니다. / 사자는 동물의 왕입니다.
나는 오후에 학원에 갑니다. / 티라노사우루스는 육식 동물입니다.
기뻐요. / 떨려요. / 슬퍼요. / 고마워. / 미안해. / 축하해.

80쪽 책을 / 도서관에 / 읽었어요

따라 쓰기로 배우는
남자아이 바른 글씨 : ① 기본 편

초판 1쇄 인쇄 : 2021년 2월 15일
초판 1쇄 발행 : 2021년 2월 19일

지은이 : 손글씨연구회
그린이 : 심민경
펴낸이 : 문미화
펴낸곳 : 도서출판 책읽는달
주　소 : 서울 서대문구 가재울로 45, 105-1204
전　화 : 02)326-1961 / 02)326-0960
팩　스 : 02)6924-8439
블로그 : http://blog.naver.com/booknmoon2010
출판신고 : 2010년 11월 10일 제2016-000041호

ⓒ손글씨연구회, 2021

ISBN 979-11-85053-49-3 74370
ISBN 979-11-85053-12-7 (세트)

*이 책은 저작권법에 의해 보호받는 저작물이므로 무단전재와 무단복제를 금하며, 책 내용의 전부 또는 일부를 이용하려면 반드시 책읽는달의 동의를 받아야 합니다.
*잘못된 책은 본사나 구입하신 곳에서 바꾸어 드립니다. 책값은 뒤표지에 있습니다.
*책읽는달은 여러분의 아이디어와 원고를 기다리고 있습니다. 소중한 책으로 남기고 싶은 아이디어나 원고가 있으신 분은 bestlife114@hanmail.net으로 보내주세요

어린이제품안전특별법에 의한 표시사항

제조자명 도서출판 책읽는달 **주소** 서울 서대문구 가재울로 45, 105-1204
전화 02)326-1961 **제조연월** 2021년 2월 **제조국** 대한민국 **사용연령** 7세 이상
⚠ 주의 책을 떨어뜨리거나 던져서 다치지 않게 주의하세요. 책을 입에 물지 마시고 책에 손이 베일 수 있으니 주의하세요.